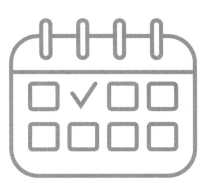 2021

Nom: _____

Tel: _____

Email: _____

Adresse: _____

"chaque jour est une nouvelle chance d'y arriver"

© ALL RIGHTS RESERVED

" Mes citations préférées "

Mes Contactes

Nom: _____
Tel: _____
Email: _____
Adresse: _____

Nom: _____
Tel: _____
Email: _____
Adresse: _____

Nom: _____
Tel: _____
Email: _____
Adresse: _____

Nom: _____
Tel: _____
Email: _____
Adresse: _____

Nom: _____
Tel: _____
Email: _____
Adresse: _____

Nom: _____
Tel: _____
Email: _____
Adresse: _____

Nom: _____
Tel: _____
Email: _____
Adresse: _____

Nom: _____
Tel: _____
Email: _____
Adresse: _____

Mes Contactes

Nom:	Nom:
Tel:	Tel:
Email:	Email:
Adresse:	Adresse:
Nom:	Nom:
Tel:	Tel:
Email:	Email:
Adresse:	Adresse:
Nom:	Nom:
Tel:	Tel:
Email:	Email:
Adresse:	Adresse:
Nom:	Nom:
Tel:	Tel:
Email:	Email:
Adresse:	Adresse:

2021

Janvier

L	M	M	J	V	S	D
				1	2	3
4	5	6	7	8	9	10
11	12	13	14	15	16	17
18	19	20	21	22	23	24
25	26	27	28	29	30	31

Février

L	M	M	J	V	S	D
1	2	3	4	5	6	7
8	9	10	11	12	13	14
15	16	17	18	19	20	21
22	23	24	25	26	27	28

Mars

L	M	M	J	V	S	D
1	2	3	4	5	6	7
8	9	10	11	12	13	14
15	16	17	18	19	20	21
22	23	24	25	26	27	28
29	30	31				

Avril

L	M	M	J	V	S	D
			1	2	3	4
5	6	7	8	9	10	11
12	13	14	15	16	17	18
19	20	21	22	23	24	25
26	27	28	29	30		

Mai

L	M	M	J	V	S	D
					1	2
3	4	5	6	7	8	9
10	11	12	13	14	15	16
17	18	19	20	21	22	23
24	25	26	27	28	29	30
31						

Juin

L	M	M	J	V	S	D
	1	2	3	4	5	6
7	8	9	10	11	12	13
14	15	16	17	18	19	20
21	22	23	24	25	26	27
28	29	30				

2021

Juillet

L	M	M	J	V	S	D
			1	2	3	4
5	6	7	8	9	10	11
12	13	14	15	16	17	18
19	20	21	22	23	24	25
26	27	28	29	30	31	

Août

L	M	M	J	V	S	D
						1
2	3	4	5	6	7	8
9	10	11	12	13	14	15
16	17	18	19	20	21	22
23	24	25	26	27	28	29
30	31					

Septembre

L	M	M	J	V	S	D
		1	2	3	4	5
6	7	8	9	10	11	12
13	14	15	16	17	18	19
20	21	22	23	24	25	26
27	28	29	30			

Octobre

L	M	M	J	V	S	D
				1	2	3
4	5	6	7	8	9	10
11	12	13	14	15	16	17
18	19	20	21	22	23	24
25	26	27	28	29	30	31

Novembre

L	M	M	J	V	S	D
1	2	3	4	5	6	7
8	9	10	11	12	13	14
15	16	17	18	19	20	21
22	23	24	25	26	27	28
29	30					

Décembre

L	M	M	J	V	S	D
		1	2	3	4	5
6	7	8	9	10	11	12
13	14	15	16	17	18	19
20	21	22	23	24	25	26
27	28	29	30	31		

Mes Objectifs Pour Cette Année

DATES IMPORTANTES

Janvier	Février

Mars	Avril

May	Juin

Juillet	Aout

Septembre	Octobre

Novembre	Décembre

Janvier   2021

Dimanche	Lundi	Mardi	Mercredi
3	4	5	6
10	11	12	13
17	18	19	20
24	25	26	27
31			

**Mes Objectifs
Pour ce mois:**

Jeudi	Vendredi	Samedi	Notes
	1 New Year's Day	2	_____ _____ _____ _____ _____ _____
7	8	9	_____ _____ _____ _____ _____ _____
14	15	16	_____ _____ _____ _____ _____
21	22	23	
28	29	30	

DEC 28, 2020 - JAN 3, 2021

Priorités:

28 Lundi

29 Mardi

30 Mercredi

Gratitude :

31 Jeudi

New Year's Day

1 Vendredi

2 Samedi

3 Dimanche

JAN 4 - JAN 10, 2021

Priorités:

---

4 Lundi

---

5 Mardi

---

6 Mercredi

Gratitude :

7 Jeudi

8 Vendredi

9 Samedi

10 Dimanche

JAN 11 - JAN 17, 2021

Priorités:

---

11 Lundi

---

12 Mardi

---

13 Mercredi

JAN 11 - JAN 17, 2021

Gratitude :

14 Jeudi

15 Vendredi

16 Samedi

17 Dimanche

JAN 18 - JAN 24, 2021

Priorités:

18 Lundi

19 Mardi

20 Mercredi

JAN 18 - JAN 24, 2021

Gratitude :

21 Jeudi

22 Vendredi

23 Samedi

24 Dimanche

JAN 25 - JAN 31, 2021

Priorités:

---

25 Lundi

---

26 Mardi

---

27 Mercredi

Gratitude :

28 Jeudi

29 Vendredi

30 Samedi

31 Dimanche

Février 2021

Dimanche	Lundi	Mardi	Mercredi
	1	2	3
7	8	9	10
14 Valentine's Day	15	16	17
21	22	23	24
28			

Mes Objectifs
Pour ce mois:

Jeudi	Vendredi	Samedi	Notes
4	5	6	
11	12	13	
18	19	20	
25	26	27	

FEV 1 - FEV 7, 2021

Priorités:

---

1 Lundi

---

2 Mardi

---

3 Mercredi

Gratitude :

4 Jeudi

5 Vendredi

6 Samedi

7 Dimanche

FEV 8 - FEV 14, 2021

Priorités:

---

8 Lundi

---

9 Mardi

---

10 Mercredi

Gratitude :

11 Jeudi

12 Vendredi

13 Samedi

Valentine's Day

14 Dimanche

FEV 15 - FEV 21, 2021

Priorités:

---

15 Lundi

---

16 Mardi

---

17 Mercredi

Gratitude :

18 Jeudi

19 Vendredi

20 Samedi

21 Dimanche

FEV 22 - FEV 28, 2021

Priorités:

22 Lundi

23 Mardi

24 Mercredi

Gratitude :

25 Jeudi

26 Vendredi

27 Samedi

28 Dimanche

Mars 2021

Dimanche	Lundi	Mardi	Mercredi
	1	2	3
7	8	9	10
14	15	16	17
21	22	23	24
28	29	30	31

Mes Objectifs
Pour ce mois:

Jeudi	Vendredi	Samedi	Notes
4	5	6	
11	12	13	
18	19	20	
25	26	27	

MAR 1 - MAR 7, 2021

Priorités:

1 Lundi

2 Mardi

3 Mercredi

Gratitude :

4 Jeudi

5 Vendredi

6 Samedi

7 Dimanche

MAR 8 - MAR 14, 2021

Priorités:

8 Lundi

9 Mardi

10 Mercredi

Gratitude :

11 Jeudi

12 Vendredi

13 Samedi

14 Dimanche

MAR 15 - MAR 21, 2021

Priorités:

---

15 Lundi

---

16 Mardi

---

17 Mercredi

Gratitude :

18 Jeudi

19 Vendredi

20 Samedi

21 Dimanche

MAR 22 - MAR 28, 2021

Priorités:

22 Lundi

23 Mardi

24 Mercredi

Gratitude :

25 Jeudi

26 Vendredi

27 Samedi

28 Dimanche

Avril 2021

Dimanche	Lundi	Mardi	Mercredi
4 Easter	5	6	7
11	12	13	14
18	19	20	21
25	26	27	28

Mes Objectifs
Pour ce mois:

Jeudi	Vendredi	Samedi	Notes
1	2	3	
8	9	10	
15	16	17	
22 Earth Day	23	24	
29	30		

MAR 29 - AVR 4, 2021

Priorités:

---

29 Lundi

---

30 Mardi

---

31 Mercredi

MAR 29 - AVR 4, 2021

Gratitude :

1 Jeudi

2 Vendredi

3 Samedi

Easter

4 Dimanche

AVR 5 - AVR 11, 2021

Priorités:

5 Lundi

6 Mardi

7 Mercredi

Gratitude :

8 Jeudi

9 Vendredi

10 Samedi

11 Dimanche

AVR 12 - AVR 18, 2021

Priorités:

12 Lundi

13 Mardi

14 Mercredi

Gratitude :

15 Jeudi

16 Vendredi

17 Samedi

18 Dimanche

AVR 19 - AVR 25, 2021

Priorités:

19 Lundi

20 Mardi

21 Mercredi

Gratitude :

22 Jeudi Earth Day

---

23 Vendredi

---

24 Samedi

---

25 Dimanche

Gratitude :

AVR 26 - MAY 2, 2021

Priorités:

26 Lundi

27 Mardi

28 Mercredi

Gratitude :

29 Jeudi

30 Vendredi

1 Samedi

2 Dimanche

MAY 2021

Dimanche	Lundi	Mardi	Mercredi
2	3	4	5
9 Mother's Day	10	11	12
16	17	18	19
23	24	25	26
30	31		

Mes Objectifs
Pour ce mois:

Jeudi	Vendredi	Samedi	Notes
		1	_____ _____ _____ _____ _____ _____
6	7	8	_____ _____ _____ _____ _____ _____
13	14	15	_____ _____ _____ _____ _____
20	21	22	
27	28	29	

MAY 3 - MAY 9, 2021

Priorités:

3　Lundi

4　Mardi

5　Mercredi

Gratitude :

6 Jeudi

7 Vendredi

8 Samedi

Mother's Day

9 Dimanche

MAY 10 - MAY 16, 2021

Priorités:

---

10 Lundi

---

11 Mardi

---

12 Mercredi

Gratitude :

13 Jeudi

14 Vendredi

15 Samedi

16 Dimanche

MAY 17 - MAY 23, 2021

Priorités:

17 Lundi

18 Mardi

19 Mercredi

Gratitude :

20 Jeudi

21 Vendredi

22 Samedi

23 Dimanche

MAY 24 - MAY 30, 2021

Priorités:

24 Lundi

25 Mardi

26 Mercredi

Gratitude :

27 Jeudi

28 Vendredi

29 Samedi

30 Dimanche

Juin   2021

Dimanche	Lundi	Mardi	Mercredi
		1	2
6	7	8	9
13	14	15	16
20 Father's Day	21 First Day of Summer	22	23
27	28	29	30

Mes Objectifs
Pour ce mois:

Jeudi	Vendredi	Samedi	Notes
3	4	5	_____ _____ _____ _____ _____ _____
10	11	12	_____ _____ _____ _____ _____ _____
17	18	19	_____ _____ _____ _____ _____ _____
24	25	26	

MAY 31 - JUN 6, 2021

Priorités:

---

31 Lundi

---

1 Mardi

---

2 Mercredi

Gratitude :

3 Jeudi

4 Vendredi

5 Samedi

6 Dimanche

JUN 7 - JUN 13, 2021

Priorités:

---

7 Lundi

---

8 Mardi

---

9 Mercredi

Gratitude :

10 Jeudi

11 Vendredi

12 Samedi

13 Dimanche

JUN 14 - JUN 20, 2021

Priorités:

14　Lundi

15　Mardi

16　Mercredi

Gratitude :

17 Jeudi

18 Vendredi

19 Samedi

Father's Day

20 Dimanche

JUN 21 - JUN 27, 2021

Priorités:

First Day of Summer

21 Lundi

22 Mardi

23 Mercredi

Gratitude :

24 Jeudi

25 Vendredi

26 Samedi

27 Dimanche

Juillet
2021

Dimanche	Lundi	Mardi	Mercredi
4	5	6	7
11	12	13	14
18	19	20	21
25	26	27	28

Mes Objectifs
Pour ce mois:

Jeudi	Vendredi	Samedi	Notes
1	2	3	
8	9	10	
15	16	17	
22	23	24	
29	30	31	

JUN 28 - JUL 4, 2021

Priorités:

28 Lundi

29 Mardi

30 Mercredi

JUN 28 - JUL 4, 2021

Gratitude :

1 Jeudi

2 Vendredi

3 Samedi

4 Dimanche

JUL 5 - JUL 11, 2021

Priorités:

---

5 Lundi

---

6 Mardi

---

7 Mercredi

Gratitude :

8 Jeudi

9 Vendredi

10 Samedi

11 Dimanche

JUL 12 - JUL 18, 2021

Priorités:

12 Lundi

13 Mardi

14 Mercredi

Gratitude :

15 Jeudi

16 Vendredi

17 Samedi

18 Dimanche

JUL 19 - JUL 25, 2021

Priorités:

19 Lundi

20 Mardi

21 Mercredi

JUL 19 - JUL 25, 2021

Gratitude :

22 Jeudi

23 Vendredi

24 Samedi

25 Dimanche

JUL 26 - AOU 1, 2021

Priorités:

---

26 Lundi

---

27 Mardi

---

28 Mercredi

JUL 26 - AOU 1, 2021

Gratitude :

29 Jeudi

30 Vendredi

31 Samedi

1 Dimanche

Aout 2021

Dimanche	Lundi	Mardi	Mercredi
1	2	3	4
8	9	10	11
15	16	17	18
22	23	24	25
29	30	31	

Mes Objectifs
Pour ce mois:

Jeudi	Vendredi	Samedi	Notes
5	6	7	_____ _____ _____ _____ _____ _____
12	13	14	_____ _____ _____ _____ _____ _____
19	20	21	_____ _____ _____ _____ _____ _____
26	27	28	

AOU 2 - AOU 8, 2021

Priorités:

2 Lundi

3 Mardi

4 Mercredi

Gratitude :

5 Jeudi

6 Vendredi

7 Samedi

8 Dimanche

AOU 9 - AOU 15, 2021

Priorités:

9 Lundi

10 Mardi

11 Mercredi

Gratitude :

12 Jeudi

13 Vendredi

14 Samedi

15 Dimanche

AOU 16 - AOU 22, 2021

Priorités:

16 Lundi

17 Mardi

18 Mercredi

Gratitude :

19 Jeudi

20 Vendredi

21 Samedi

22 Dimanche

AOU 23 - AOU 29, 2021

Priorités:

23 Lundi

24 Mardi

25 Mercredi

Gratitude :

26 Jeudi

27 Vendredi

28 Samedi

29 Dimanche

Septembre 2021

Dimanche	Lundi	Mardi	Mercredi
			1
5	6	7	8
12	13	14	15
19	20	21	22 **First Day of Autumn**
26	27	28	29

Mes Objectifs
Pour ce mois:

Jeudi	Vendredi	Samedi	Notes
2	3	4	
9	10	11	
16	17	18	
23	24	25	
30			

AOU 30 - SEP 5, 2021

Priorités:

---

30 Lundi

---

31 Mardi

---

1 Mercredi

Gratitude :

2 Jeudi

3 Vendredi

4 Samedi

5 Dimanche

SEP 6 - SEP 12, 2021

Priorités:

---

6 Lundi

---

7 Mardi

---

8 Mercredi

Gratitude :

9   Jeudi

10   Vendredi

11   Samedi

12   Dimanche

SEP 13 - SEP 19, 2021

Priorités:

13 Lundi

14 Mardi

15 Mercredi

Gratitude :

16 Jeudi

17 Vendredi

18 Samedi

19 Dimanche

SEP 20 - SEP 26, 2021

Priorités:

---

20 Lundi

---

21 Mardi

First Day of Autumn

22 Mercredi

Gratitude :

23 Jeudi

24 Vendredi

25 Samedi

26 Dimanche

SEP 27 - OCT 3, 2021

Priorités:

27 Lundi

28 Mardi

29 Mercredi

Gratitude :

30 Jeudi

1 Vendredi

2 Samedi

3 Dimanche

Octobre 2021

Dimanche	Lundi	Mardi	Mercredi
3	4	5	6
10	11	12	13
17	18	19	20
24	25	26	27
31			

Mes Objectifs
Pour ce mois:

Jeudi	Vendredi	Samedi	Notes
	1	2	_____ _____ _____ _____ _____ _____
	7	8	9	_____ _____ _____ _____ _____
	14	15	16	_____ _____ _____ _____
	21	22	23	
	28	29	30	

OCT 4 - OCT 10, 2021

Priorités:

4 Lundi

5 Mardi

6 Mercredi

Gratitude :

7 Jeudi

8 Vendredi

9 Samedi

10 Dimanche

OCT 11 - OCT 17, 2021

Priorités:

11 Lundi

12 Mardi

13 Mercredi

Gratitude :

14 Jeudi

15 Vendredi

16 Samedi

17 Dimanche

OCT 18 - OCT 24, 2021

Priorités:

18 Lundi

19 Mardi

20 Mercredi

Gratitude :

21 Jeudi

22 Vendredi

23 Samedi

24 Dimanche

OCT 25 - OCT 31, 2021

Priorités:

---

25 Lundi

---

26 Mardi

---

27 Mercredi

Gratitude :

28 Jeudi

29 Vendredi

30 Samedi

31 Dimanche

Novembre 2021

Dimanche	Lundi	Mardi	Mercredi
	1	2	3
7	8	9	10
14	15	16	17
21	22	23	24
28	29	30	

Mes Objectifs
Pour ce mois:

Jeudi	Vendredi	Samedi	Notes
4	5	6	
11	12	13	
18	19	20	
25	26	27	

NOV 1 - NOV 7, 2021

Priorités:

1 Lundi

2 Mardi

3 Mercredi

Gratitude :

4 Jeudi

5 Vendredi

6 Samedi

7 Dimanche

NOV 8 - NOV 14, 2021

Priorités:

---

8 Lundi

---

9 Mardi

---

10 Mercredi

Gratitude :

11 Jeudi

12 Vendredi

13 Samedi

14 Dimanche

NOV 15 - NOV 21, 2021

Priorités:

---

15 Lundi

---

16 Mardi

---

17 Mercredi

Gratitude :

18 Jeudi

19 Vendredi

20 Samedi

21 Dimanche

NOV 22 - NOV 28, 2021

Priorités:

22 Lundi

23 Mardi

24 Mercredi

Gratitude :

25 Jeudi

26 Vendredi

27 Samedi

28 Dimanche

Décembre 2021

Dimanche	Lundi	Mardi	Mercredi
			1
5	6	7	8
12	13	14	15
19	20	21 **First Day of Winter**	22
26	27	28	29

Mes Objectifs
Pour ce mois:

Jeudi	Vendredi	Samedi	Notes
2	3	4	
9	10	11	
16	17	18	
23	24	25	
30	31 New Year's Eve		

NOV 29 - DEC 5, 2021

Priorités:

29 Lundi

30 Mardi

1 Mercredi

Gratitude :

2 Jeudi

3 Vendredi

4 Samedi

5 Dimanche

DEC 6 - DEC 12, 2021

Priorités:

6 Lundi

7 Mardi

8 Mercredi

Gratitude :

9 Jeudi

10 Vendredi

11 Samedi

12 Dimanche

DEC 13 - DEC 19, 2021

Priorités:

13 Lundi

14 Mardi

15 Mercredi

Gratitude :

16 Jeudi

17 Vendredi

18 Samedi

19 Dimanche

DEC 20 - DEC 26, 2021

Priorités:

20 Lundi

First Day of Winter

21 Mardi

22 Mercredi

Gratitude :

23 Jeudi

24 Vendredi

25 Samedi

26 Dimanche

DEC 27, 2021 - JAN 2, 2022

Priorités:

27 Lundi

28 Mardi

29 Mercredi

Gratitude :

30 Jeudi

New Year's Eve

31 Vendredi

New Year's Day

1 Samedi

2 Dimanche

NOTES

NOTES

NOTES

Printed in France by Amazon
Brétigny-sur-Orge, FR